„Solche Geschichten kann man sich nicht ausdenken.
Das schafft nicht mal RTL II."

Kollegin des Amtsgerichts

Für meine Familie

Standardvermerk der Deutschen Nationalbibliothek

Feicke, Tim Oliver
„Wir sind hops, Bruderherz!"
Noch mehr Aktenperlen aus der Justiz.

1. Auflage, Hamburg / Elmshorn, 2015

ISBN 978-3-7386-5222-2

(c) 2015 Tim Oliver Feicke
Herstellung und Verlag: BoD - Books On Demand, Norderstedt
Covergestaltung: Peter Schumacher, Hamburg

Wir sind hops, Bruderherz!
Noch mehr Aktenperlen aus der Justiz.

Die besten Fundstücke aus Gerichtsakten.
Stilblüten, Anekdoten und Schriftsätze.
100 % (R)echt!

Zusammengetragen und mit
Cartoons versehen von

Tim Oliver Feicke

Zu diesem Buch

Juristen wird nachgesagt, dass sie durch ihren trockenen Beruf, immer zur Sachlichkeit gezwungen, ihren Humor verlieren würden. Das ist nur teilweise wahr.

Es stimmt, dass Juristen (egal, ob als Rechtsanwalt, Richter, Notar oder in der Behörde) die meiste Zeit des Tages mit dem Lesen von Sachverhalten befasst sind, die für einen Außenstehenden eintönig und „staubig" erscheinen mögen. Auch stimmt es, dass mancher Jurist von Berufs wegen gezwungen ist, sich mit Streitfragen zu befassen, die außer den direkt betroffenen Parteien eigentlich niemanden interessieren. Das kann dann doch auch einmal langweilig wirken.

Aber umso mehr freut sich der einsame und tief in die Akten eingetauchte Mensch im Juristen, wenn er dann unerwartet doch einmal eine „Aktenperle" findet, mit der er gar nicht gerechnet hatte: Spannende Fälle, witzige Zeugenaussagen oder kuriose Verschreiber, die den Leser erfreuen, ihn zum Staunen, Schmunzeln oder sogar zum Lachen bringen können.

Etwa 2006 habe ich begonnen, solche Aktenperlen zu sammeln, 2010 wurde dann der erste Band („Komme nicht zum Termin, bin in Südsee") und zwei Jahre später der zweite Band („Habt Ihr nichts Besseres zu tun?") veröffentlicht. Sie halten nun den dritten Band in den Händen. Dass es soweit kommen würde, dass diese Fundstücke solch eine positive Resonanz haben würden, hätte ich nie erwartet.

Zu verdanken ist dieser dritte Band den zahlreichen Einsendungen aus Gerichten, Notariaten und Anwaltskanzleien aus dem ganzen Bundesgebiet.

Ein herzliches Dankeschön daher an alle Justizangestellten und Rechtspfleger, an alle Rechtsanwalts- und Notarangestellten, an alle Gerichtsvollzieher, Anwälte, Staatsanwälte, Richter und Sachverständigen, die zu diesem Buch beigetragen haben!

Sie sind der Beweis, dass Juristen doch Humor haben! Bitte, lassen Sie nicht nach! Senden Sie weitere Beiträge, am besten per Mail an info@wunschcartoon.de.

Last but not least danke ich Peter Schumacher für die erneut wunderbare Covergestaltung.

Und nun viel Vergnügen bei der Lektüre!

Alle Texte sind zu 100 % authentisch und von mir oder meinen Kolleginnen und Kollegen verbürgt. Natürlich sind alle Texte vorher komplett anonymisiert worden. Niemand wird sich hier persönlich wiederfinden.

Die Cartoons stammen im Wesentlichen aus der Deutschen Richterzeitung.

Tim Oliver Feicke

Hamburg / Elmshorn,
Herbst 2015

Hops! Nach seiner polizeilichen Vernehmung verlässt ein Verdächtiger (A) die Polizeiwache und ruft – über sein abgehörtes Handy - seinen Mittäter (B) an. Aus dem Protokoll:

„A: Der Typ hat mein Foto gesehen und meinte, ja und meinte die beiden. Weißt du wie ich meine?
Wir sind hops, Bruderherz! Und die wissen auch, dass wir da zu zweit waren.

B: Ja, aber ich sage, ich war das nicht. Auch wenn man ihm die Fotos zeigt.

A: Ja, normal. Wenn er dir dein Foto zeigt, sind wir sowieso hops. Weißt du, wie ich meine?

B: Ja, Mann.

A: Und wenn wir dann noch sagen, wir waren das nicht…
Bruder, weißt du wie hops wir dann sind? Bruder?"

Traumberuf auf dem Sofa? Angaben zur Person in einem Strafurteil:

> „Zurzeit macht er ein Couching für seine Selbständigkeit von der ARGE aus mit."

§ § §

Außer Späßen nichts gewäßen? Vortrag zum Einkommen eines offenbar ganz lustigen Lkw-Fahrers:

> „Er hat mit Späßen maximal 2.000,00 € monatlich verdient".

***

Walking dead. Aus einer Klage gegen eine Kfz-Versicherung, die ein Schmerzensgeld ablehnte, weil die Klägerin nach dem Unfall noch selbst bis zum Rettungswagen gehen konnte.

> „Diesbezüglich wird auf die Erlebnisse des Herrn Klaus Störtebeker Bezug genommen, der es immerhin schaffte, ohne Kopf noch eine erhebliche Wegstrecke zurückzulegen.
> Herr Störtebeker kann nur froh sein, dass er nicht die Beklagte in Anspruch nehmen musste, da diese wahrscheinlich eingewandt hätte, dass er aufgrund seiner Bewegungsfähigkeit nicht schwer verletzt gewesen sei."

Disco. Angenehm entspannt und trocken schildert dieser Türsteher eine hitzige Nacht. Zeugenaussage aus einer Polizeiakte:

> „Zur Sache: (Selbstdiktat)
>
> Am 28.04. war ich eingesetzt als Sicherheitsmitarbeiter in der Diskothek L. (…) Auf einmal ging die Musik aus, man hörte Geschreie. Daraufhin ging (…) ich in den Tresenbereich rein.
> Dort habe ich gesehen, dass (…) der DJ dort (…) von zwei stark (…) aggressiven Personen beschimpft wurde. Ich bin dann sofort da hin, bin über den Tresen rüber, hab mich dazwischen gestellt und habe den DJ beschützt und die Situation geklärt.
> Dabei gab es mehrere Wortgefechte, die Beleidigungen, die halt üblich sind, die hin und hergeflogen sind. Und (…) der Herr K. hat einen Hut gehabt von dem einen. Hat den Hut dem anderen zurück geschmissen und daraufhin ist (…) einer von denen auf Herrn K. los.
> Habe ich meinen Arm dazwischen geschoben, hab gesagt, er soll klar kommen mit seiner Welt, er soll runterfahren. Da wollte er erneut auf ihn drauf, hab ich ihn wieder zurückgeschubst und daraufhin wurde ich das Aggressionsziel.
> Er hat versucht, mich zu schlagen. Hab ihn mit dem Arm geblockt, hat er wieder versucht mich zu schlagen.
> Daraufhin habe ich ihn am Arm festgehalten, hab den Arm umgedreht und wollte ihn nach draußen begleiten. Dabei hat er auf mich eingetreten mit den Füßen nach hinten.
> Herr S. (…) kam mir zur Hilfe, um diese Person zu bändigen (…). Hab ihn auf den Boden gelegt, damit die Situation sich beruhigt und es keine Verletzten mehr gibt. **Bis dahin war eigentlich alles ganz ruhig.**"

Da steht ein Pferd auf dem Flur? Oder ein Schirm in der Akte? Aus einem Anwaltsschriftsatz:

„Auf dem beigefügten Foto lässt sich erkennen, dass der in meinem Schreiben vom 12.07. befindliche Sonnenschirm dort weiterhin steht."

***

Ein Mann, ein Anzug. Aus einem Bewährungsheft:

"Zum Hausbesuchstermin am 18.06. erklärte der Betroffene gegenüber der Gerichtshilfe, er könne nicht arbeiten, er sei ein Frack, durch viele Unfälle gekennzeichnet."

§§§

Ein ganz braves Auto. Aus einer Klageerwiderung:

„Folglich war dem Kläger auch bewusst, dass er keinen Opel Astra GTC Turbo, wie er von Opel auch angeboten wird erwirbt, sondern ein anderes artiges Fahrzeug."

Astralerkrankung?
Der nicht erschienene Angeklagte entschuldigt sich:

*„Ich liege seit letzter Woche lang,
habe eine Sternhüllenentzündung".*

§ § §

Ein Dreieck, das im Dreieck springt?
Aus einem Pkw-Kaufvertrag:

"Mitverkauft werden: ein Wahndreieck, ..."

* * *

Übergewicht kann auch mal von Vorteil sein! Bei einem Einbruch stieg der Täter durch eine 25 cm breite Öffnung ein. Aus dem Polizeibericht:

"Herr und Frau V. können aus hiesiger
Sicht als alleinige Täter ausgeschlossen
werden, ...
Frau V. ist dickbäuchig bis fettleibig,
Herr V. ist dickbäuchig."

Zu eilig bei der Begründung? Rechtsanwaltliche Erklärung gleich zu Beginn eines Eilantrags:

> „Der Umstand, dass der Antragsteller ein Eilverfahren eingeleitet hat, spricht schon für sich, dass eine Eilbedürftigkeit besteht."

! ! !

Fristgemäße Verteidigung nur in Abendgarderobe? Aus einer Klage:

> "Sollte der Beklagte seine Verteidigung nicht festgerecht anzeigen, beantragen wir den Erlass eines Versäumnisurteils."

***

Fristgemäße Verteidigung nur ganz oben am Haus? Anwalt bittet um Aufschub:

> „Der Unterzeichner hat eine Vielzahl firstgebundener Akten abzuarbeiten".

§ § §

Originalkopie. Ein Klebezettel in der Akte:

> *"Original der Kopie bitte an Rechtsanwalt..."*

Feelings. Manchmal muss man auch mal seinen Gefühlen folgen. Einsichtig zeigt sich dieser Streitbeteiligte.

> "Ich ziehe hiermit meinen Aufhebungsantrag ... zurück. Ich verzichte auch auf Rechtsmittel gegen das Versäumnisurteil...
>
> PS: Ich hoffe, Sie haben mir das Ablehnungsgesuch nicht übel genommen, ich hatte das Gefühl, es tun zu müssen."

***

Unter der Haube. Aus einem Landgerichts-Urteil.

> „An dem Gespräch nahm nicht nur die Beklagte, sondern auch deren Ehemann teil."

Sieh da! Die Commerzbank AG ist verheiratet!

§ § §

Der arme darmkranke Mann.
Schreiben einer Behörde:

> "... wenden Sie sich bitte direkt an unseren Informationstechniker, Herrn D., mit Durchfall 039.../..."

Bauernflüstererin?
Berufsangabe in Ehescheidungsantrag.
Ehemann ist Vermögensberater.
Ehefrau arbeitet als

„Farmerreferentin".

******

Plitschplatsch. Der Inhaber eines Angelfachgeschäfts klagt gegen den Vermieter, weil bei Regen Wasser durch die Decke tropfen soll. Clevere Einlassung der Rechtsanwältin des Vermieters:

"Es wird bestritten, dass ein etwaiger Feuchtigkeitsfleck für die Kunden (...) wahrnehmbar ist, noch auf Kunden abstoßend wirkt.
Es wird die Frage erlaubt sein, seit wann auf Angler Wasser abstoßend wirkt?"

! ! ! !

Polygamie? Schreiben in Adoptionsverfahren:

„Ich habe meine Ehefrau und unsere Tochter 1992 geheiratet und lebe seither mit ihnen zusammen."

§§§

Der Klassihker unter den Schraibfählern.
Aus einem Protokoll:

"Befragt zu seinem Geburtsdatum weiß er dies zunächst nicht und weist darauf hin, dass er Anhalphabet ist."

Aua! Ohrrisse statt Haarrisse.
Aus einem Protokoll in einer Zivilakte:

> „Die Klägerin, persönlich angehört, erklärt hierzu:
> Ich habe während der Mietzeit weder die Mietsache besonders verschmutzt oder gar beschädigt. Auch während der Auseinandersetzung im Mai 20... kam es nicht zu Beschädigungen der Mietsache.
> Es war so, dass ich zu diesem Anlass meinen damaligen Mann an den Ohren gefasst und mit dem Kopf immer wieder gegen einen Pfeiler des Hochbetts geschlagen habe. Hierdurch kam es jedoch nicht zu blutenden Wunden. Er hatte lediglich Risse hinter den Ohren."

***

Damit das mal gaaanz klar ist! Der Antragsgegnerin reicht es! Aus einer Familienakte:

> „Im Übrigen wird beantragt,
> die Anträge des Antragstellers,
> was immer er auch beantragen will,
> zurück zuweisen."

***

Poetische Kontaktanzeige. Chat-Protokoll aus einer Polizeiakte:

> „Faust sucht Fresse,
> hast du Interesse?"

Vornehme Ausdrucksweise. Andere Anwälte beantragen schlicht „Akteneinsicht". Dieser Gentleman entäußert:

> "Es wird beantragt, mir den angelegten Vorgang abermals zum Zwecke der Akteneinsichtnahme kurzfristig auf mein Büro zu verabreichen."

§§§

Nich' so vornehme Ausdrucksweise Dieser Herr schreibt offenbar schon unter Alkohol:

> *"Kein Anug zwar Betrunken."*

***

100 % (R)echt. Danke liebe EU! Art. 2 Abs. 3 VO (EG) 852/2004 (Lebensmittelhygieneverordnung) lautet doch tatsächlich:

> „Im Sinne der Anhänge dieser Verordnung bedeuten Ausdrücke wie
> „erforderlichenfalls",
> „geeignet",
> „angemessen"
> und „ausreichend"
> im Hinblick auf die Ziele dieser Verordnung
> erforderlich,
> geeignet,
> angemessen
> und ausreichend."

Loriot hätte darauf wohl gesagt: „Ach was?!"

Beduselte Buddel? Aus einem Polizeibericht:

"Im Fußraum des Beifahrers befand sich eine angetrunkene Wasserflasche."

***

Zu schwerer Kläger? Der Beklagte schreibt:

"Für die Kosten des Rechtsstreits fühle ich mich nicht zuständig, weil es (…) sich für mich nicht so darstellt, als wäre ich der Unterlegende, das würde ja einen obendrauf liegenden voraussetzen
- und genau das möchte ich in Sachen E. ganz bestimmt nicht."

????

100 % (R)echt!
In Bayern ist alles anders, sogar das Küchenrecht.
Oberlandesgericht München, WuM 1985, 90-91:

„Das Urteil des OLG Hamburg (MDR 1978, 138) ist nicht einschlägig, da es sich ausschließlich mit der Rechtslage in Norddeutschland ("ohne einen Herd ist ein Raum keine Küche") befasst."

Böser Emil. Schreiben an das Gericht:

> "Frau Richtarin bitte maachen sie was dagen wo Emil mir meine Papiere duchgeschnietten hat von Vodafone mit Scheere und wo Emil Taschngeld 50 Eur untaschlagen hat! Bitte!"

*****

Studierter Mannologe. In einem Polizeiformular findet sich zur einer Person namens Manfred:

> "Akademischer Titel: Manni"

????

Preisfrage. Wem gehört dem Messer?

> "Er ist ein Tag davor zu meinem Elternswohnungstür gekommen und mit dem Faust gegen die Tür eingeschlagen und er hat mich an meinem Hals gepackt mit dem Messer seiner Schwager von seiner Frau die Bruder S. war auch dabei."

§§§

Dementer Feuerwerker? Meist kommen ältere Betroffene auf die Gerontopsychiatrische Station. In einem Betreuungsverfahren gab es laut Protokoll jetzt auch eine

„Pyrontopsychiatrische Abteilung".

STAATSANWÄLTE IM RUHESTAND

Pädagogischer Südfruchtvergleich. Kriminalkommissar L verwendet eine Metapher, auf die man erst einmal kommen muss. Vermerk über die Vernehmung einer 16jährigen:

> „Mit ihr wurde sodann über ihre aktuelle Lebenssituation gesprochen. Auf Frage, was sie vor den Problemen in dem Elternhaus gemacht habe, erklärte sie, dass sie Sport, Badminton, Taekwon-Do und Schwimmen betrieben habe. (...)
> Ihre Lieblingslage beim Schwimmen sei das Brustschwimmen gewesen.
> Das Kraueln sei für sie wie ein Affe, der nach Bananen greift.
> Ihr wurde mitgeteilt, dass sich für den Unterzeichner in diesem Vergleich eine Parallele zu ihrer aktuellen Situation ergibt.
> Es aber für sie ausreichend Bananen gäbe."

§§§§

Er hat es durch Verständnis verstanden!
Aus einem Anwaltsschreiben:

> „Der Sachverständige bestätigt die Beschädigungen am Fahrzeug. Damit bestätigt der Sachverständige auch, dass die Beschädigung am Wasserschlauch auch durch eine Beschädigung möglich gewesen ist."

Erboster Mieter. In einem Mietstreit wird ein Ortstermin erwogen. Der Mieter will aber den Vermieter und das Gericht nicht in die Wohnung lassen. Er schlägt schriftlich vor:

> „Ersatzweise möge ein tadelloser Wachtmeister hier mit einem Mobiltelefon erscheinen (die Klingel ist derzeit kaputt; daher müssten Sie vorsichtig an der Tür klopfen), um durch das Küchenfenster (das ich dann öffnen werde) den Elektroschrotthaufen, der mit nach dem Willen des V. ... als "Backofen" vermietet werden soll, einmal selbst anzusehen und dann während der Verhandlung fernmündlich Bericht zu erstatten (ich werde mir solange den Mund zuhalten). Bringe er ruhig keine Pizza mit, da ich die Sicherungen nicht wieder einzuschalten gedenke."

****

Piep! Piep! Rutsch! Rutsch! Schöner Fall mit sportlichen Vögeln. Es geht um 12 Jungpfauen. Aus einer Klage:

> „Offensichtlich gereizt von den eigenen Spiegelbildern im Lack haben sie die Lackflächen des Fahrzeugdeckels vorn, des kompletten Daches, des Dachrahmens, der Heckklappe sowie des Seitenteils hinten rechts mit Schnabelhieben traktiert und haben das Fahrzeug als Rutsche missbraucht."

Gassi mit dem Maurer. Schreiben eines Vermieters:

"Nach einiger Zeit meldete sich die Frau, ihre Wohnung wäre nass. Es sollten auch noch Handwerker ausgeführt werden."

****

Nasser Messi? Aus einer Betreuungsakte:

„Sie war ein Nässi.

Vielleicht, es stank auch bei ihr in der Wohnung."

§§§

100 % (R)echt! Pipi als Arbeitsunfall.
Landesarbeitsgericht Hamm, Az. 2 Sa 142/76:

"Falls eine schwangere Angestellte, deren ungeborenes Kind auf die Blase drückt, von einem plötzlich auftretenden Harndrang überrascht wird, keine Gelegenheit hat, die Toilette aufzusuchen und sich deshalb auf ein Waschbecken im Büro zum Urinieren setzt, dieses abbricht und sie sich hierbei erheblich verletzt, kann trotz ihres ungewöhnlichen, keineswegs gefahrlosen Verhaltens eine zum Ausschluss der Gehaltsfortzahlung führende verschuldete Arbeitsunfähigkeit nicht angenommen werden, zumal ein Mensch in einer derartigen Situation zu sonst naheliegenden Überlegungen (hier: Gebrauch eines vorhandenen Aufwascheimers) regelmäßig nicht imstande ist."

Prozesskostenhilfe abgelehnt? Dann folgt:

> "Sehr geehrte Damen und Herren, hiermit stelle ich einen Antrag auf Protestkostenhilfe."

* * *

Nur drei Sprachen… Aus einem Polizeibericht:

> "Eine Verständigung ist nicht möglich, da Herr M. nur arabisch, französisch und spanisch spricht."

! ! ! !

Im Knast. In einer Mietsache entschuldigt sich der Mieter sehr schön eindeutig zweideutig.

> „Gegen den Kostenfestsetzungsbeschluss lege ich Rechtsmittel (Einspruch, Widerspruch, Beschwerde...) ein. Mein Anwalt wird sich kurzfristig dazu und zur Zwangsräumung äußern, da ich 3 Monate aus justiztechnischen Gründen nicht erreichbar war....

* * * *

Wiedergeburt? Bitte der Staatsanwaltschaft:

> „Ich bitte einen neuen Aktenaufkleber auf die Akte zu kleben, da sich sein Geburtsdatum geändert hat."

Nie zufrieden? In einem Verkehrsunfallprozess zieht die die Klägerin ihr persönliches Fazit:

> „Also, ich bin damit nicht einverstanden, dass ich bei dem Unfall nicht verletzt wurde."

? ? ? ?

Hex, hex! In einer Mietsache schreibt die Klägerin:

> „Es ist bezeichnend für das Verhalten der Beklagten, dass sie nunmehr ernsthaft bestreiten will, dass die Klägerin am 15.07.... das Treppenhaus benutzt hat. Dieses deshalb, weil die Parteien durch ein Mietverhältnis miteinander verbunden gewesen sind, so dass die Klägerin am 15.07.... in dem von der Beklagten vermieteten Gebäude gewohnt hat.
> Wie aber soll die Klägerin ihre Wohnung erreicht haben, wenn nicht über das Treppenhaus des Gebäudes?
> Jedenfalls besitzt die Klägerin leider nicht die Fähigkeit, mit einem Besen in ihre Wohnung zu fliegen."

100 % (R)echt! Ich huste dir was.
Schleswig-Holsteinisches Oberlandesgericht, 2 Ws 7/94

> „Wenn ein erkälteter Zeuge ein Hustenbonbon lutscht, liegt keine Ungebühr im Sinne des § 178 Gerichtsverfassungsgesetz vor, die die Anordnung eines Ordnungsmittels rechtfertigen würde."

Gefährliches Möbel. Aus einem Verhandlungsprotokoll:

> „Herr K. gab an, auf einer Bank gesessen zu haben; er soll dort von einem Stuhl angegriffen worden sein."

Hey Yah, BVB! Einlassung nach Trunkenheitsfahrt:

> "...gebe ich zu.
> Bitte berücksichtigen Sie bei der finalen Urteilsfindung die Tatsache, dass ich seit Besitz meines Führerscheins zu keinem Zeitpunkt negativ im Straßenverkehr aufgefallen bin und mich stets an die Regeln gehalten habe.
> Am 25.5./26.5... hat mich die bittere Finalniederlage meines Lieblingsvereins dem BVB gegen den FC Bayern dazu bewegt leider das eine oder andere Bier zuviel zu trinken.
> Ich bereue mein Verhalten zutiefst..."

§ § §

Im Nachthemd? Aus einem Protokoll:

> „Der Betroffene negligiert, jemals Stimmen gehört zu haben."

Juristendeutsch – Umgangssprache. Dieser Anwalt fügt die Übersetzung seiner Schriftsätze gleich bei:

> "Die Zedentin hat diese erheblichen Preisaufschläge akzeptiert, ja akzeptieren müssen, um einen darüber hinausgehenden Schaden aus Vertragsstrafe bei Leistungsverzug zu vermeiden.
>
> Umgangssprachlich: Es brannte der Baum!"

*****

Gesundheit ganz oben. Aus einer Klage:

> „Zum Führen eines Krans, wie er im vorliegenden Fall eingesetzt worden ist, benötigt der Streitverkündete allerdings überhaupt keinen Krankenschein."

§ § §

Da waren die Fälscher dann pällig. Polizeibericht:

> „Die Beschuldigten sind dieser Tat verdächtig aufgrund der bisherigen polizeilichen Ermittlungen, insbesondere aufgrund der Tatsache, dass es sich bei dem Stempelaufdruck angesichts der vorhandenen Orthographiefehler um eine Totalfälschung handelt.
> So heißt es auf dem Stempel "Pälligkeit", "Momat" und „jahr".

Und dann war da noch... der Rechtsanwalt B., der zur Verteidigung einer Raserin steif und fest behauptete, dass es doch gut sein könne, dass die vier (!) Schilder mit der Geschwindigkeits-begrenzung am Messtag in der Zeit von 9.00 Uhr, als sie definitiv noch vorhanden waren, bis zur Messung seiner Mandantin um 13.00 Uhr geklaut worden sein könnten, und zwar in Sichtweite der vier eingesetzten Verkehrspolizisten.

* * * *

Ein guter Skatspieler. Ein Bewährungshelfer berichtet von

"Kontrahänden des Probanden".

§ § §

Menschenversand?
Ein Mandant schreibt an seinen Rechtsanwalt:

"Hiermit senden wir Ihnen wieder zwei Kunden, die nicht bezahlen wollen. Bitte leiten Sie alle weiteren Wege ein."

Anwaltslyrik I. Wenn Anwälte loslegen, kann es schon mal sehr schön herablassend klingen:

> Beklagtenvertreter (Rechtsanwalt aus H.):
> „Es war schon immer empfehlenswert, vor dem Geltendmachen von Personenschäden zunächst das Handbuch von Küppersbusch einzusehen."
>
> Antwort des Klägervertreters (Rechtsanwalt aus B.):
> „Es wäre durchaus sachdienlich, wenn der Beklagtenvertreter auf seine oberlehrerhaften Ausführungen, mit denen er offensichtlich seine Auftraggeber beeindrucken möchte, verzichten könnte. Dies würde die Behandlung der Sache deutlich erleichtern."

* * * *

Anwaltslyrik II. Manche Anwälte finden auch schon mal märchenhafte Vergleiche...

> „Das, was der Widerbeklagte im Übrigen (...) vorträgt, (...) erinnert allenfalls an ein Märchen, in welchem der fleißige Finder eines von einer Flasche ummantelten guten Geistes drei Wünsche frei hat."

****

Anwaltslyrik III. ... oder erzählen gar selbst Märchen?

> „Die vom Beklagtenvertreter zitierte Zeugenaussage hätte nicht sinnbildlicher gewählt werden können, ist quasi stellvertretend für alle Zeugenaussagen und bedarf keiner weiteren Kommentierung:
>
> *„Es war einmal..."*
>
> (...) Der Klage ist vollumfänglich stattzugeben.
>
> Und wenn nicht eine Unterbrechung nach § 239 Abs. 1 ZPO eintrifft, dann prozessieren die Parteien noch heute."

URLAUBSZEIT, VERTRETUNGSZEIT...

Anwaltslyrik IV. Oder sie zitieren leicht zickig deutsche Klassiker.

> "...nehmen wir Stellung zum "Schriftsatz" des Beklagten vom (...), der indes keinen prozessrelevanten Inhalt hat.
> Es wird insoweit auch mit Nichtwissen bestritten,
> dass das wiedergegebene Zitat von einem - offensichtlich wenig belesenen - Kollegen stamme.
>
> Richtigerweise muss das Zitat heißen:
> *"Getretener Quark wird breit, nicht stark"*
> und stammt von Goethe.
>
> "Treten" unterfällt in dem vom Prozessbevollmächtigten des Beklagten wiedergegebenen Kontext übrigens der Großschreibung."

* * * *

Anwaltslyrik V. Deutlich genervt von dem Anwalt der Gegenseite zeigt sich schließlich dieser Rechtsanwalt:

> „Insofern der Verfasser des Schriftsatzes vom 29.03. im Übrigen zu glauben scheint, dass die gerichtliche Auseinandersetzung der richtige Ort wäre, um die persönlichen Animositäten des Prozessbevollmächtigten im Hinblick auf die Formulierung des Unterzeichners zu diskutieren, so würde der Unterzeichner selbst dem Verfasser des Schriftsatzes vom 29.03. zugetraut haben, zu erkennen, dass weder die Zivilprozessordnung noch das Bürgerliche Gesetzbuch entsprechende Anspruchsgrundlagen für das Diskutieren von Stilfragen in einem vor dem Amtsgericht geführten Zivilprozess vorsehen."

Er flüchtete! Oder galanter (im Polizeiprotokoll):

> „Als der Angeklagte bemerkt hatte, dass die Polizei hinzugezogen werden sollte, nahm er dies als willkommenen Anlass, zu gehen."

???????

Backe, backe... Vernehmungsprotokoll der Kripo:

> "Frage:
> Es gibt Dinge, die für Sie sprechen, deswegen sollten Sie jetzt mit der Wahrheit rausrücken, so etwas kommt gut an bei Staatsanwaltschaft und Richter.
>
> Antwort:
> Der Staatsanwalt kann sich nen Kuchen backen, meine Aussage bleibt wie sie ist."

??? ???

Ein Schreiben aus dem Jenseits? Schreiben an den Direktor des Amtsgerichts:

> „Das Amtsgericht hat mich schon einmal, gegen alle Beweise in den Selbstmord getrieben."

Verbrecherjagd = Erbrecherjagd? Der Polizist konnte den flüchtigen Täter nach einer kurzen Verfolgungsjagd stellen. Aus dem Festnahmebericht:

> „Darauf sei Herr L. geflüchtet. Herr S. habe sofort die Verfolgung des Beschuldigten aufgenommen. (…)
>
> Jedoch musste sich der Beschuldigte während der Sachverhaltsaufklärung mehrfach übergeben.
> Nach eigenen Angaben sei der konsumierte Alkohol nicht für das Erbrechen ursächlich.
> Infolge der Flucht klagte er kurzzeitig über Schwindelgefühl und Übelkeit. Er teilte mit, dass sein Kreislauf einen solchen Sprint nicht gewöhnt sei."

+++++++

Lange Nächte. Aktenperle aus einem Polizeiprotokoll:

> „Der Beklagte wohnte zwei Nächte in dem gemieteten Zimmer, vom 1.8.2011 bis 20.11.2012."

§ § § §

Von links nach rechts umtrainiert? Zinsen können in der Regel ab Rechtshängigkeit begehrt werden. Dieser Anwalt begehrt…

> „(…) die seit Rechtshändigkeit fällig gewordenen Nutzungsentschädigungen…"

Was stimmt hier nicht? Aus einem Sorgerechtsstreit:

„Zum Zeitpunkt der Geburt der gemeinsamen Kinder (Zwillinge) waren die Beteiligten 10 Monate getrennt."

§§§

Und dann war da noch... der geblitzte Raser, der behauptete, das Gaspedal seines Automatikfahrzeugs habe für 9 Sekunden geklemmt, nämlich just vor der Radarfalle und danach wieder einwandfrei funktioniert.

* * * *

Kein Angriff ist die beste Verteidigung. Erklärung einer Dame, der eine Unfallflucht vorgeworfen wurde und sogar davon gefahren sein sollte, obwohl man ihr hinterher rief.

"Ich bin eine schlanke, gut gekleidete Frau mit einem bekannten Ruf als warmherzig, hilfsbereit und großem Herzen. So eine nette Frau spricht man doch dann an! Schläge oder etwaiges wären offensichtlich nicht zu erwarten gewesen."

§§§§

Nein, nein...
Der Angeklagte ließ sich laut Protokoll wie folgt ein:

```
"Es trifft zu, dass ich den Polizei-
beamten als "Scheiß-Bulle", und
"dreckiger Wichser" bezeichnet habe.
(...)
Aber ich wollte ihn doch nicht
beleidigen..."
```

Bitte um Mitgefühl. Schreiben eines Beklagten, der einen Beitrag für den Kleingartenverein nicht leisten wollte:

„Ich kann nur auf Ihre Einsicht hoffen, dass Sie noch Mensch sind und es verstehen. Ich habe schon genug Probleme z.B. mit meiner Tochter (weggelaufen) und andere Sachen.
Seien Sie doch bitte einmal in Ihrem Leben Mensch.
Danke!!!!!!"

??????

Ehemann allein zuhause. Begründung einer Klageschrift:

"Die Parteien sind Eheleute. (…)
Während der gesamten Ehezeit kam es wiederholt zu heftigen Auseinandersetzungen. U.a. war es so, dass die Beklagte beispielsweise den Kläger zwei Tage in der Wohnung einschloss und ihm verwehrte, die Wohnung zu verlassen, indem sie den Schlüssel der Haustür an sich nahm und sich weigerte, diesen herauszugeben."

§ § § §

Versuchen kann man es ja mal....
Schreiben an das Gericht:

„Hiermit möchte ich das Strafverfahren gegen mich einstellen..."

100 % (R)echt. Rüde Methoden.
Urteil des Bundesarbeitsgerichtes vom 12.05.2010 (Az.: 2 AZR 544/08) zur Befangenheit eines Richters:

> „Es liegt eine Drohung (...) vor, wenn ein Vorsitzender Richter im Rahmen von Vergleichsverhandlungen äußert: "Gleich werden Sie an die Wand gestellt und erschossen", "Ich reiße Ihnen sonst den Kopf ab" und: "Seien Sie vernünftig, sonst müssen wir Sie zum Vergleich prügeln" und sich aus dem Vorbringen der Parteien nicht ergibt, dass der betreffenden Prozesspartei die offenbar häufiger an den Tag gelegte ungewöhnliche Art des Vorsitzenden bekannt gewesen wäre oder die Vergleichsverhandlungen in einer aufgelockerten Gesprächsatmosphäre geführt worden wären."

§ § § § §

Dabei wollte der Kläger doch eigentlich Mäuse…
Ein Beklagter schreibt:

> „Ich habe eine Rattenzahlung beantragt."

Endlich Frieden? Für diese Parteien ist der Rechtsstreit offenbar eine wahre Qual. Aus einem Protokoll:

> „Zwischen den Parteien ist weiterhin angedacht, eine außergerichtliche Erlösung zu finden."

Ehegatten? Wenn die Liebe schwindet, wird die Beziehung schnell ganz sachlich und förmlich zum Geschäft. Aus einem Scheidungsantrag:

„In der Ehe sind Umstände eingetreten, die dazu geführt haben, dass sich die Vertragsparteien im Herbst 20.. getrennt haben."

?????????

Sprachlicher Knockout!
Schreiben eines Anwalts an den Richter:

„Sehr geehrter Herr M.,
Ihren Versuch, meine Fantasie zu unterstützen, habe ich dankbar aufgenommen.
Letztlich blieb es bei einem Versuch, weil Sie mich mit dem Gebrauch des dreifachen Genitivs sprachlich massiv überfordern.
(...)
Ich wünsche ein frohes Weihnachtsfest und verbleibe mit freundlichen Grüßen"

****

Verstopfung? Aus einem Protokoll:

„Der Beklagtenvertreter erklärt:
Vor dem Hintergrund, dass sich heute der Klägervertreter nicht tatsächlich dazu entleeren konnte (...)."

Grau ist alle Theorie. Die Beklagte soll € 78,99 zahlen. Sie hatte bei einem Buchshop folgende drei Bücher bestellt und erhalten, aber nicht bezahlt:

>„Einführung in das Insolvenzrecht,
>Kapitalmarktrecht,
>Bankrecht"

Kaufrecht war offenbar nicht dabei.

% % % %

Glaskugel? Im Bewährungsbericht wird der Verurteilte zitiert:

>"Er habe die vorgeworfene Tat nicht begangen, allerdings geht er davon aus, dass er dafür in Haft gehen wird. Dieses habe er aufgrund seiner hellseherischen Fähigkeiten bereits sicher vorausgesagt.
>Mit den vorhandenen Beweisen habe das nichts zu tun."

§ § §

Prioritäten. Was kann denn die arme Katze dafür? Aus einer Klage:

>„Ich beantrage weiterhin, dass Herr L. sein Geld nicht für Alkohol, Zigaretten, Katzenfutter und Böller verprasst, sondern erstmal seine Stromrechnungen zahlt."

Hippophil. Ein Anwalt schreibt:

> „Der Beklagte hatte nie die Absicht, die Stute zu bedecken. Vorsorglich wird bestritten, dass die Stute im Falle der Bedeckung tragend geworden wäre."

* * * * *

Etwas unpassend, drückt sich dieser Klägervertreter in einem Rechtsstreit, in dem um die Höhe von Beerdigungskosten gestritten wird, aus:

> „Bei der Beerdigung des Erblassers und bei der Beerdigung seiner vorverstorbenen Lebenspartnerin handelt es sich um zwei komplett unterschiedliche Lebenssachverhalte."

Lebenssachverhalt passt nicht wirklich.

???????

Liebe macht – zumindest offenbar zeitweise – blind. Ehemann regt nur sechs Monate nach der Hochzeit eine Betreuung für seine Frau an:

> „Am 18.09.20... haben wir geheiratet.
> Erst danach kam heraus, dass meine Frau auch bei der Trauung betrunken war.
> (...)
> Ihre Zähne sehen in etwa so aus, wie eine Luftaufnahme von Berlin im August 1945."

Religiöse Wertschätzung zeigt dieser Rechtsanwalt für das gerichtliche Verfahren:

„Einwendungen gegen die Klagcforderung wurden außergerichtlich nicht erhoben und sind der klagenden Partei auch nicht bekannt, so dass die Durchführung des göttlichen Verfahrens erforderlich ist."

§ § § § §

Sowas tun Menschen wirklich... Aus einer Anklage:

„(...) verteilte der Angeschuldigte auf dem L-weg in T. aus Ärger darüber, dass Anwohner des L-Wegs, aber auch Postzulieferer wie DHL oder UPS, den L-weg seiner Meinung nach regelmäßig zu schnell mit ihren Fahrzeugen befahren, metallene Pappnägel in einem Bereich von ca. 150 bis 200 m (...)"

* * * *

Die widerwärtige Verwandtschaft. Der Anwalt führt aus:

„Allein für die Einbauküche wurden € 6.400,- ausgegeben, das Zimmer für die Ekeltochter wurde für ca. € 1.100,- eingerichtet."

? ? ? ? ?

Gelangweilte Grimasse? In der Akte findet sich statt eines Gesuchs...

„Akteneinsichtsgesicht."

GERADE IN DER DUNKLEN JAHRESZEIT SOLLTE MAN MÄRCHENSTUNDEN GANZ GEMÜTLICH GENIESSEN...

Achtung, Fäkalsprache! Bitte jetzt beim Lesen die Ohren zuhalten! Erklärung eines Angeklagten, der Polizisten mit den Worten „Ihr seid doch alle blöd. Ihr habt doch keine Ahnung." beleidigt haben soll:

> „Das passt für mich alles nicht zusammen.
> Ich bestreite nicht, dass ich unfreundlich gewesen bin,
> aber meine Beleidigungen sind meistens ein bisschen anders. Ich benutze einfach ein anderes Vokabular. Also „Fick dich" zum Beispiel (...)"

§ § § § § §

Und da es gerade so schlüpfrig ist... Protokollierte Aussage eines Zeugen, der fast mal pleite gegangen wäre.

> „Mein Steuerberater hat mir auch mal so gut geholfen als ich kurz vor dem Coitus war."

& & & & &

Und dann war da noch... der Zeuge vor dem Landgericht K., der beteuerte:

> „Also, da könnte ich glatt einen Meineid drauf schwören!"

! ! ! ! ! !

Scharfer Gaul. Protokolliertes letztes Wort einer Angeklagten:

> „Das ist ein zweischneidiges Pferd."

DAS HAUPT-SMALLTALK-PROBLEM DER RECHTS-
ANWALTS- UND NOTARFACHANGESTELLTEN.

Wer diesen höflichen Menschen zum Kumpel hat, braucht keine Feinde mehr. Ein Autofahrer soll einen Fußgänger beleidigt haben. Bei der Polizei sagt der Beschuldigte aus:

> „Ich steckte das Handy ein *(Anm. in die Freisprechanlage)* und sprach mit dem Anrufer.
> Es handelt sich dabei um einen Kumpel. Den Namen möchte ich zum jetzigen Zeitpunkt raushalten.
> Ich sprach mit meinem Kumpel und habe sicherlich auch so etwas wie „Du Arschloch" gesagt.
> Mit meinem Kumpel muss ich so reden, da er sonst nichts begreift.
> In dem Moment muss ich bei dem Anwohner vorbei gekommen sein."

*****

Kann der Tod denn überhaupt einen Sinn machen? Dieser Beklagte ist überzeugt:

> „Der Beklagte hatt die schreckliche erkändnis gewonnen das das Erbrech nur einen zweck Dient und zwar die streitbereitschaft der betroffenden zu erhöhen, da mit Juristen an Erbschaften ihrren Profied machen konnen. Das kan nicht sin und zweck eines Gesätz sein."

Mit Zigaretten zum Unterrichtsausfall? Aus einem Gutachten im Strafprozess:

> „Fahrlässiger Vollrauch führte zur Schulunfähigkeit."

* * * *

Ein Reisender auf Abwegen? Aus einem Polizeiprotokoll:

> „Ein junger Mann forderte mich zum Kampf auf. Darauf habe ich nicht reagiert. Dann fingen die jungen Damen an, mich zu beleidigen (…), dass ich als Voyageur durch die Schlüssellöcher gucke."

? ? ? ?

Akten in der Pfütze? Schreiben eines Rechtsanwalts:

> „Mein Mandant hat die Unterlagen verschlammt."

+ + + + +

Kekse immer dabei. Aus einer Strafakte:

> „Das Diebesgut befand sich im Seitengebäckträger des Motorrades.

§ § § § §

Neuer Feiertag? Aus einer Zivilakte:

> „Wenn das unterschrieben wird, fließt Geld. Wenn Sie das nicht unterschreiben, läuft gar nichts, Sie können dann bis zum Sangnimmerleinstag klagen."

100 % (R)echt! Kreuzifix! Leitsatz der Entscheidung des Oberverwaltungs-gerichts Nordrhein-Westphalen vom 21.03.2014, 16 A 1014/11:

> „Das Eisenbahnkreuzungsgesetz ist nicht anwendbar, wenn sich zwei Eisenbahnen kreuzen"

§ § § §

Welche Fehler sollen wir noch einbauen?
Aus einem Anwaltsschreiben:

> „Von diesen Mängeln wurden lediglich die Griffe montiert."

* * * * *

Na, na, na – etwas höflicher könnte man diese Immobilie schon beschreiben, als in diesem Polizeibericht:

> „Als wir an der Nummer 11 vorbei gegangen sind, fiel mir eine sehr volle, am Straßenrand stehende Einfamilienhaus-Mülltonne auf."

§ § § §

Und dann war da noch.... die Straßenverkehrsbehörde des Kreises P., die eine DVD mit Messdaten aus einer Geschwindigkeitsmessanlage verwahrte. Auf Anforderung des Gerichts, eine Kopie der DVD zur Akte zu reichen, übersandte die Behörde doch tatsächlich eine Fotokopie der DVD.
Entweder sehr intelligenter Humor – oder nur sehr doof...

Ansprüche haben diese Leute...
Nicht mal im Wohnzimmer darf man nass werden.
Aus einem Rechtsstreit über Werklohn:

> „Es ist schon bezeichnend für die Einstellung der Klägerin des Vorprozesses, dass man an ein Luxus-Bad für über 60.000,-- EURO keine höheren Anforderungen stellen können soll, als das Unterbleiben von Schmutzwasserduschen auf dem Sofa."

§§§§§

Mit Musik geht alles besser.
Aus einem Schreiben an das Betreuungsgericht:

> „Frau W. wurde von mir im Pflegeheim H. aufgesucht. Dort traf ich sie mit einem Rollator auf dem Gang an, wo sie spazieren ging und die ganze Zeit sang. Auf direkte Ansprache reagierte Frau W. mit gesungenen Antworten. Diese Antworten auf einfache Fragen ergaben nur sehr eingeschränkt einen Sinn. Wurden die Fragen gesungen, war etwas besser durchzudringen."

Fehlerteufel. Nochmal ein Klassiker unter den Stilblüten:

> „.... mit dem Antrag übersandt, den Strafbefehl wegen des Schreibfehlers zu bewrichtigen"

Warum denn gleich so drastisch? Die Eheleute S. wollen sich gegen eine Klage offenbar nicht verteidigen, sondern...

„...gegen die Klage (...) möchten wir uns vierteiligen."

§ § § §

Hirsch mit gebrochenem Vorderlauf?
In einem Anwaltsschreiben ist die Rede von...

„einem Holzverschlag mit Rehgips."

* * * *

Trinkfest wie ein Kamel mit Flüssigkeitsspeicher?
Aus einem Polizeiprotokoll:

> „Zum eigentlichen Vorwurf kann ich nichts sagen, da ich zu diesem Zeitpunkt alkoholbedingt einen „Blackout" hatte. Bis zum „Blackout" hatte ich 5 bis 6 Kurze in Form von Saurerer Apfel und ein rotes Gesöff sowie ca. 10 ½ Liter Bier."

Die Gaswerke werden auch immer neugieriger. Was geht die an, wer den Beklagten besucht? Sie verlangen laut Protokoll...

„eine Gastzählerablesung."

+ + + + +

Prima bei Laub im Herbst. Die Baukammer beim Landgericht beschäftigt sich mit einer...

„harkenden Haustür."

§ § § §

Geliehenes Geld oder Geliebte? Aus einer Zivilakte:

"Ja, ich habe von Herrn H. ein Darling bekommen. Und ja, ich wollte es in ein bis zwei Tagen zurück zahlen."

? ? ? ?

Alles Theater? Schön dramatisch schreibt Rechtsanwalt H. aus L. an das Gericht:

„In pp.
lege ich gegen den Bußgeldbescheid vom 13.11.
Einspruch ein.
Ich rufe laut EINSPRUCH!
Wieso?
Der Bußgeldbescheid ist pietätlos."

Carpe diem. Lebenszeit kann auch sinnvoller eingesetzt werden. Aus der Strafanzeige eines Radfahrers, dem auf einem Weg, der nur für Radfahrer und landwirtschaftliche Fahrzeuge freigegeben ist, ein Mercedesfahrer entgegen kommt, wobei keiner von beiden ausweicht.

> „Zwischen 12:52 Uhr und 13:06 Uhr standen wir uns gegenüber, ohne dass der verkehrswidrig Fahrende die Spurbahn räumte und ich auf meiner rechten Spurbahn meine Fahrt fortsetzen konnte."

14 Minuten!!!

Nur mal sicher gehen. Ein Rechtsanwalt schreibt an das Oberlandesgericht:

> „....bitten wir um kurzfristige Mitteilung des Sachverstandes."

* * * * * *

Hinterher ist man immer schlauer. Schreiben an das Familiengericht:

> „Die Ehe der Beteiligten ist gescheiter."

Und dann war da noch.... die Klage eines Freiers gegen eine Prostituierte, die ihm noch vor der Leistungserbringung dazu brachte, die EC-Karte nebst PIN auszuhändigen und angeblich zu Unrecht Geld von seinem Konto abhob. Dieser Zivilrechtsstreit wurde im Gerichtscomputer als „Verkehrsunfall" eingetragen.

* * * * *

Nochmal in der Disko. Aus einem Polizeiprotokoll:

„Frage: Mit wem waren Sie an dem Abend in der Disco?

Antwort: Mit meinem Auto."

(...)

Frage: Was haben Sie denn in der Disco sonst so gemacht, außer Alkohol zu trinken?

Antwort: Ich bin auf Klo gegangen."

? ? ? ? ?

Diskoverwandtschaft. Glasklare Familienverhältnisse laut Zeugenaussage im Protokoll:

"Es war schwer nachzuvollziehen, wer jetzt genau getroffen hat. Einige waren dazwischen oder einzelne, die dann helfen wollten wohl auch. Und ich kann allerdings sagen, dass der Cousin von dem F. oder vermutlich der Cousin oder der Cousin vom Cousin definitiv auf den DJ getroffen hat, schlagmäßig."

The devils inside. Dieser Rechtsanwalt malt den Teufel an die Wand:

> "Der Beklagte scheint ein sonderbares Rechtsverständnis von einem Mietvertrag zu haben. Selbstverständlich hat der Beklagte jeden Besuch hinzunehmen, den seine Mieter zu empfangen wünschen.
> Der Beklagte ist - auch wenn er es evtl. anders sieht - nicht der gesetzliche Vormund seiner Mieter und kann den Mietern weder Freundschaften noch Verwandtschaften versagen.
> Selbst wenn es einem seiner ehemaligen Mieter gefallen würde, den Pferdefüßigen persönlich oder aber die Ortsgruppe der NPD anlässlich privater Feiern zu empfangen, könnte er hiergegen nichts machen."

????

Manche vergeuden ihr Einkommen, nicht so dieser Herr: Aus einem Gerichtsprotokoll:

> „Nach Einschätzung der Antragstellerin vergoldet der Antragsgegner wesentliche Teile seines Einkommens für Alkohol und seine Spielsucht."

!!!!

Sinnvoller Schutz. Der Rechtsanwalt, der eine Versicherung vertritt, schreibt immerhin offen und ehrlich:

> „Noch einmal: Die Beklagte kennt keine Unfallversicherung.
> Sie kennt nur eine Unfall-Zusatzversicherung.
> Hätte der Kläger sie abgeschlossen und wäre er unfallbedingt nicht mehr am Leben, könnte er sich bei der Beklagten wieder melden."

Und dann war da noch... der junge Einbrecher, der nachts auf einem umzäunten Firmengelände in die Geschäftsräume eines Unternehmens eindrang, zahlreiche Laptops in einen Firmentransporter lud, und mit diesem - wie im Actionfilm - einen ca. 2 Meter hohen Maschendrahtzaun durchbrechen wollte.

Mit hoher Geschwindigkeit fuhr er mutig direkt in den Zaun. Allerdings öffnete sich dabei – anders als im Actionfilm, was er nicht bedacht hatte – der Fahrer-Airbag, so dass ihm die Sicht versperrt wurde und er das Auto ca. 5 Meter weiter gegen einen dort befindlichen Findling setzte.

Die Polizei, von Anwohnern nach dem Krach alarmiert, fand den Täter kurz darauf einige Straßen weiter, wo er immer noch leicht benommen herumirrte.

§ § § §

Manche sind einfach nur sturzbetrunken...
Die geständige Beschuldigte eines Ladendiebstahls erklärt vornehm zur Sache:

> "Ich war zu dem Zeitpunkt chemisch unausgeglichen."

Tim Oliver Feicke

Jg. 1970, arbeitet als Richter in Schleswig-Holstein und lebt als nebenberuflicher Karikajurist in Hamburg.

Bei books on demand erschienen bereits in dieser Reihe:
„Komme nicht zum Termin, bin in Südsee - Aktenperlen aus der Justiz" und
„Habt Ihr nichts Besseres zu tun? - Mehr Aktenperlen aus der Justiz".

Die Juristencartoons erscheinen monatlich in der *Deutschen Richterzeitung* und in der *RENOpraxis*.

Weitere Cartoonveröffentlichungen gelegentlich in diversen Tageszeitungen (u.a. *Hamburger Abendblatt, Lübecker Nachrichten, Berliner Kurier* u.v.m.) sowie im *Eulenspiegel*, dazu in einigen Samplern, z.B. vom Lappan Verlag (*Beste Bilder, Heile Bilder, Möge der Witz mit dir sein*), vom Carlsen Verlag (*Geld macht reich, Hoffentlich sieht das keiner*), vom Holzbaum Verlag (*Cartoons über Hunde, Cartoons über Weihnachten*) oder in Kalendern (Eulenspiegelverlag).

Gruppenausstellungen (u.a. *Rückblende, Deutscher Karikaturenpreis, Deutscher Cartoonpreis, Triennale Greiz, Caricatura* u.v.m.) und Einzelausstellungen, vor allem in Gerichten (u.a. Bundessozialgericht, OLG Celle, OLG Schleswig).

Bei Interesse an einer Ausstellung kontaktieren Sie mich bitte gern per Mail.

www.wunschcartoon.de
www.facebook.de/feickecartoons
www.feickecartoons.de
www.toonpool.com/feicke